

www.ingramcontent.com/pod-product-compliance
Lightning Source LLC
Chambersburg PA
CBHW070438220526
45466CB00004B/1725
* 9 7 8 1 6 9 2 3 4 6 8 6 7 *